管理しない校長が、
すごい学校組織をつくる！

「任せる」マネジメント

横浜市立日枝小学校校長
住田 昌治

学陽書房

はじめに　思いきって「任せて」みよう

これからは、予測不能な時代が到来し、エージェンシーが求められます。

エージェンシーとは、「自ら考え、主体的に行動して、責任をもって社会変革を実現していく力」のことだと文部科学省は説明しています。

これからの社会を生き抜いていくための中心的な概念として考えられています。

学校現場で、このエージェンシーを子どもが身につけていくためには、まず教職員がエージェンシーを身につけていくことが不可欠です。

しかし、実際には教職員に対して、

「言われたことはやるけれど、言われないとやらない」

「指示待ち人間で困る」

「なぜ自分で考えないで答えばかり求めるのか」

と悩む校長は多いようです。
ただ、「指示待ち人間」は、校長であるあなた自身がつくっているのかもしれません。校長がいちいち細かく指示をしていると、教職員は「言われたことだけこなしていればいい」と考えるようになります。

そこで、教職員の主体性を引き出す方法の一つとして、この本で取りあげたいのが**「任せること」**です。
任せるとは、「待つ、見守る、我慢する、手放す、認める、褒める、信頼する、感謝する」ことです。これらを大切にし、思いきって任せてみたらどうでしょうか。

本書には、こうした任せ方のコツや任せるための信頼関係づくりのポイントなどをたくさん詰め込んでみました。

校長が上手に任せることで、教職員が主体的に動き出すのです。
そんな雰囲気こそ、快適な学校やのびのびした子どもを育てることにつながると信じています。

「すべては子どもたちの未来のために」です。

子どもたちが将来、大人として立派に独り立ちしていくことを願って、「任せること」についてみなさんと一緒に考えたいと思います。

住田　昌治

目次　『管理しない校長が、すごい学校組織をつくる！「任せる」マネジメント』

2 学校改善マネジメントの進め方

3 教職員との信頼関係はどう築く？

4 「任せる」ために校長がしていること

5 「任せる」ための校長マインド

第1章

「任せる」校長になろう！

任せることで、教職員は主体的になる！

「住田先生、どっちがいいか教えてください。ほかの学校の校長先生は、どうすればいいか教えてくれるそうです。どうして住田先生は教えてくれないんですか。いつも私たち教員に任せてますよね。どうしてですか？」

校長になって数年後、若手教員に聞かれました。「どうすればいいか私が決めたら、その通りにするの？　本当にそうしてほしい？」と問い返しました。

その若手教員は、ちょっと不服そうな顔をして、「校長先生に言われたら従うと思います。そうしてほしいと思っている人もいますよ」と答えてくれました。

私は正直言って、ほとんどの場合、「どっちでもいい」と思っていました。

教員の頃もそうです。職員会議で議論になっていることは、ほとんどどっちでもいいことでした。結局、多数意見や声の大きい人の意見で決まったり、変な気をつかって決まったりするわけですから、どっちでもいいことなのです。

▽結果ではなく、誰が決めたかが大事

中には、本質的な議論が必要なこともありますが、それは一年に一、二回です。大体の場合は、私（校長）が決めても若手教員が決めても大差ないわけです。

しかし、ここで校長が決めてしまったり、意見を押し通してしまったりしては、誰も育ちません。**どっちでもいいのですから、結果が問題ではなく、どのようにして決めたのか、誰が決めたのかが問題になるのです。**

もし自分で決めたり、みんなで話し合って決めたりしたならば、意欲的に取り組み、結果にも責任をもちます。校長が決めると、うまくいかないときにほかの人に押しつけたり、責任も校長に求めて逃げるようになります。

だから、任せることによって、自分ごとにして主体的に取り組めるようにすることが大切なのです。

▽「任せられ、自分で決める」と人は成長する

「任せられ、自分で決める」という経験が人を大きく成長させます。

先ほど紹介した、私に決めることを求めてきた若手教員に仕事を任せたところ、数年後には研究主任を任せられるほど成長しました。

この若手教員は、自分に任せられたことを誇りに思い、どんどん自分らしさを発揮して、主体的に提案型の仕事をするようになっていきました。

つまり、「任せる」ことが、教職員自らが仕事への自覚をもち、任せられた仕事に対して自ら意思決定ができる力を育てるのです。

一人ひとりにその力が身につけば、いちいち校長に意見を求めたり、決定を委ねたりすることがなくなります。

▽任せられた教職員はどう思っている？

一方で、任せられた教職員はどう感じているのでしょうか。

勤務校の教職員や他校の教職員の話を聞くと、

「任せてもらうことで信用されていると感じる」

「自分で考えたり、決めたりしていいんだと思うとやる気がでる」

「これまでと比べると、みんながやりたいことをやっていて活気がある」

「こういうポジティブな雰囲気の中だと、任せてほしい気持ちが強くなる。私にもやらせてほしいと思うことがある」

「任せられることが中心に進んでいくと、やる気のある人とそうじゃない人の差ができそうだけど、何とか巻き込んでいきたい」

等の声がありました。


任せることが日常化すると、いろいろなチャレンジが生まれ、教職員のモチベーションも上がり、職員室が活性化するのだと思います。それは特効薬を使った劇的な変化ではなく、漢方薬のようなゆっくりとした変化を重ねているのです。

若手の育て方

「どうしたらいいか教えてください」と聞きに来る教員は、自分の考えている選択肢の中から選んでほしいか、自分が考えている答えに賛成して後押ししてほしいか、なのです。

みなさんもそうではないでしょうか。自分のやりたいことは決まっていて、確認や賛同を得るために聞きに行くことが多いのではないかと思います。

もしどうしていいかまったくわからないなら、もう一度考えるか、同僚と一緒に考えるかして、いくつかの選択肢を考えて来るように言います。

それができない職員室では、情けないですよね。今までの経験から考えて、そんな職員室はほとんどないと思います。同僚がきちんと相談に乗って解決したり、いくつかの選択肢をもって聞きに行くところまではサポートしてくれたりすると思います。

もし若手がどうしていいかわからないときに、相談に乗ることもできないような職員室なら、その前提を変えていかなければなりません。

▽あなたはどうしたいか、を尋ねてみよう

そう考えると、どうしたらいいか教えてほしいと言ってきた若手には、どうしたいかを尋ねてみるのがいいです。わからないから聞きに来たと言っても、「どうしたいのか」「どうしたらいいと思うか」「どんなことが考えられるか」と問うことです。

つまり、自分の考えていることを話せるようにするのです。しっかりした答えでなくても、自分の言葉として出てきたことをつなげればよいのです。

そして、最終的に、「じゃあ、今回はこうやってみます」と言って帰っていくよう導きます。**大切なことは、校長が答えを言うのではなく、本人が答えを言うことです。**

校長が自分の持っている答えを伝えている限り、若手は育ちません。私は、そうやって若手を育ててきました（若手には限りませんけどね）。

▽決めることで、自分ごとになる

そうすると、若手教員は、自分で考えるようになります。

というか、「自分で考えて決めていい」ことを学びます。それは、若手教員にとっては大きな責任を感じることにはなりますが、大きな自信にもつながります。

「自分で決める」ということは、身が引き締まり、自分ごととして取り組むことでもあります。そして、主体的に取り組む教職員に育っていくのです。

任せることは、待つことでもあり、許すことでもあり、褒めることでもあり、驚くことでもあり、感謝することでもあり、尊敬することでもあるのです。

校長というより、人として、任せた人とどのように関わり合うかということなのです。

単に仕事を機械的に任せるということではありません。任せた人とどうコミュニケーションをとるかや、関係をどのように築いていくかを考えることこそが任せることによる変革なのだと思います。

▽フィードバックやサポートをする

そして、若手教員がやったことに対しては、フィードバックやサポートをしていきます。

もし後押しをしてほしい、自分の考えを認めてほしいときには、また聞きに来ますので、「いいんじゃない、やってみたら」「すごいねえ。いいアイデアだね」「応援するよ。手伝えることがあったら言ってね」と言うだけです。

すると、若手教員は、笑顔で校長室から出ていきます。その笑顔は職員室のほかの教職員にも広がっていくのだと思います。

若手教員がどんどん提案し、まわりの教職員を巻き込みながら主体的に取り組んでいる姿を見ることができるのは、校長として感じる大きな喜びです。それは、教室で子どもが自分たちの力で学習を進めたり、生活をつくっていくときの学級担任の喜びに似ています。

若手を孤立させない

若手の中でもとくに新採用教員に対しては、任せっぱなしにして孤立させないように気をつける必要があります。企業の方と話していると、

「先生は考えられないような働き方をしていると思う。だって、学生が一夜にして先生と呼ばれるようになるわけでしょ。小学校では初めから学級担任を任され、全教科を教え、児童の問題行動や保護者への連絡等さまざまな対応まで一人でやるわけでしょ。企業では考えられませんよ。」と言われます。

初めてクラスを任される学級担任。子どもが言うことを聞かない、授業が進まない、問題への対処がわからない、保護者への連絡がうまくできないなど…思うように授業や学級経営ができず、思い描いていた教員生活との違いを感じることは多いです。

問題は、悩みや困っていることを相談できる人がいなくて孤立することです。

そして、自分一人でできないことで自己嫌悪・自信喪失につながります。すべてのことを一人で抱え込んでしまい、耐えられず、限界に達してしまうのです。

∇笑顔があるか、子どもと遊んでいるかがバロメーターに

管理職として気をつけておくことは、**新採用教員の観察において、授業中に笑顔があるか、休み時間に子どもと遊ぶことができるかという２点です。**これは、新採用教員の体と心の健康を見るバロメーターでもあります。

とくに教室では、新採用教員から笑顔が見られなくなることで、子どもたちは不安になり、どんどん離れていきます。ますます、子どもとうまく関われなくなり、怒りっぽくなったり、注意できなくなったりして、人間性も失われていきます。

子どもとの距離感がつかめず、一緒に遊ぶことができないのも心配です。昔から、新採用教員が子どもに親しまれるのは、一緒に遊んでくれるからでした。一緒に走り回ったり、遊んだりする姿に子どもたちは親近感を深め、先生を好きになっていきます。好きな先生の話はよく聞くし、少々教え方は下手でもよく学ぶようにもなります。

▽自己開示できているか

以前、新採用研修の担当者との情報交換の中で、こんなことがありました。

「今日は一人の子どもの対応で悩んでいる話が新採用教員から出ました。目についたものに急に向かって行ってしまう女の子で、何かに集中していても、突然反応してしまうので、その教員はどうしたらよいかわからないと涙ぐんでいました。職員室に連絡して応援を頼んだり、学年の先生や児童支援専任に話をしたりするように伝え、チームで取り組めばいいことだと話しました。一人で悩ませないようにしたいです。」

「その後、その日のうちに学年の先生に新採用教員が『自己開示』することができました。後で学年主任と話したのですが、今の新採用の先生に必要なのは自己開示だということで一致しました。今日は自分からできたみたいでよかったです。」

▽チームとして働いている実感はあるか

その日のことを新採用教員自身は次のように書いています。

「自分がいっぱいいっぱいだったのだとU先生に話しながら気がつきました。学校はチームですね。思い通りにならないと焦りますが、焦ってはだめですね。」

こういう丁寧な関わりと本人の気づきを重ねていくことで、学校の仕事への理解と対応を学んでいきます。本人が言うように、いっぱいいっぱいになっていることにも気づかなければ、知らないうちにプツンと切れてしまいます。

また、気がついていても、相談できる雰囲気がなかったりすれば孤立していきます。

みんな忙しく、ゆとりがなさそうにしていたら声もかけにくいですし、まわりの教職員も新採用教員が悩んでいることに気がつく余裕もないでしょう。お互いにケアできる状態ではないような働き方はこんなところにも影響を与えてきます。

新採用教員が孤立する職場は、ほかの教職員にとってもチームとして働いている実感が薄いのではないでしょうか。

管理職には、そういう状況に気づき、環境を整えることも必要です。

ベテランの育て方

新しいことをやろうとするときに、大きく力になってくれるのは、学校で影響力をもつベテラン教員の存在です。

ベテランが生き生きしている学校では、若手がベテランを尊敬しています。

人生100年時代の教職員の働き方を考えても、ベテランのさらなる成長と、変化の担い手としての働き方を身につけることは、学校を変える大きなエネルギーになります。

「新しくやりたいこと」を進めるときに、ベテランのやる気を引き出し、チャレンジする気持ちにさせることは重要な課題となります。

ベテランは自分が必要とされていることを知り、ゴールへ向かうロードマップが明確になればチャレンジを始めます。いくつかの仕事を成し遂げたときには、それを評価し、賞賛しましょう。そうすれば、ベテランが変化の担い手として動き始めるのです。

▽ベテランのやりたいことに、校長も一緒に取り組む

ベテランになると、なかなか自分のやりたいことを口にしなくなります。あるいは、あきらめています。

面談を通して、やってほしいことを伝えるだけでなく、やりたいことを話してもらいます。そして、ベテランがやりたいと思っていることが実現できるよう、一緒に取り組んでいきます。

たとえば、あきらめていた主幹教諭を目指させる、管理職を目指させる、学校全体に目を向けるような立場にさせる、やりたいと思っている取り組みや授業に関わる専門家を紹介する、資料を提示する、発表や提案の機会をつくる、いつでも相談に乗る、こちらからも相談するといったことができます。

なぜ任せられないのか？

しかし、任せることに抵抗があったり、うまくいかないかもと心配されたりする方もいます。中には、「自分の学校の教職員には任せることはできない」と強く反発される方もいます。

では、任せられないのはなぜでしょうか。

それは、**自分がプレイヤーから抜け出せないからです。**

プレイヤー時代の成功体験から離れられず、プレイヤーとして活動し続けるために、任せられないと言い訳をしているにすぎません。

また、自分の思った通りにやらせたいという思いが強く、指示・命令をして仕切るのが校長のあり方だと思っているからではないでしょうか。だから、思い通りにできているか心配になり、細かくチェックしたくなるのです。

▽どこを見て仕事をするか

チェックされる教職員は、チェックされることを恐れ、チェックされたときにうまくクリアできるかどうかに関心を向けるようになります。

それでよいのでしょうか。私たち教職員が本来見なければならないのは子どもです。**要するに指示・命令する人を見ながら仕事をするようになるのです。**

それなのに、実際は校長を見ながら仕事をするようになっていきます。そういう教職員は校長の評価を必要以上に気にするようになります。

ずっとそういうやり方で仕事をしていくと、自分で考えてやることに喜びを感じなくなります。

校長も自分の言うことを聞いてうまくやった人を評価し、その人を自分の後継者のように育てていくようになります。その連鎖が「任せられない校長」や「主体的に動けない教職員」を増殖させ続けるのです。

校長の役割は、学校環境を整えること

校長の本来の役割は、その場にいなくてもいるときと同じように学校が運営されるよう教職員を育て、子どもも教職員も円滑に日々を過ごせる環境を整えておくことです。

その状態は、校長にとっても教職員にとっても幸福（＝ウェルビーイング）なのです。**「校長先生はいなくても平気です」と言われるのが理想の学校なのだと私は思います。**

学校としてのビジョンが共有されていれば、大きな判断ミスも起こりません。自分で選んだり、決めたりできるようになった教職員は、働き方も主体的になり、外部とのコラボレーションも進んで行うようになります。

任せることで、関わるすべての人が共に育ち、ウェルビーイングになるのです。任せるマネジメントで、全国の学校が元気な学校になっていくのです。

▽仕事ができる人に仕事が集中しないようにする

学校の仕事は、キャリアに応じて分担されています。若手教員は、授業やクラスのこと、経験を積んでいくと、行事や研究等の推進役としての仕事が増えていきます。

おそらく、どんな職場でも同じだと思いますが、仕事ができる人に仕事は集まります。それは、その人が信頼されているからであり、きちんと仕事をしてくれる安心感があるからです。

だから、仕事の振り分け（分担）は、校長の大切な役割なのです。仕事ができる人に仕事が集まりすぎないようにします。

仕事ができて信頼されている人は、任せられても断ることはしません。だから、校長が様子を見ながら調整する必要があります。できるだけ負担を軽減するように心がけなければなりません。

▽仕事ができない人にも、任せてみる

よく仕事をさぼる人がいて困るという話を聞きますが、私はそんなことを考えたことはありません。

私が教員だった頃にも、ベテランなのに私より仕事量が少ない人がいました。しかし、自分が仕事を多くすることで経験を積んでいく時期であり、スキルアップができると考えていました。

むしろ働いていながら仕事がないのは辛いものです。担任をしていたり、行事や研究の推進役をしていたりすると、充実感を抱いて仕事ができます。そういう役割を任せてもらえないのは、信頼を得ていないことを意味するので、口には出さなくても本人は辛い思いをしているのだと思います。

校長としては、そういう状況を野放しにしておけません。信頼できないから仕事を任せないという考えでいると、その思いは伝わってしまいます。

信頼されていない人は、これまで信頼を得られるような仕事を任せられてこなかっただけなのです。

▽誰しもよさや得意なことがある

誰しもよさがあり強みがあります。その人が得意なことを把握して、その分野や関連する仕事を任せていけば、仕事ができるようになると思います。

そもそも、任せられた仕事が自分に合わないと、自分のことをわかってくれていないと考え、任せた人を信頼しません。

信頼関係の築かれていない間柄で任せられた仕事はうまくいくはずないのです。ですから、任せられた側がさぼってしまうのは、任せた側に責任があるのです。

私の経験上は、仕事をしないと言われてきた人が、任せられる経験をし、見違えるほどに、主体的に学校の中心となって働くようになったという例はたくさんあります。

まずは仕事量の1割を減らす

仕事を任せるのは、自分が楽をするようで申し訳ないと感じる校長もいます。「任せられた教職員は忙しくなり、残業が増えるのでは…」と感じてしまうのかもしれませんね。それでは、任せることが大変ひどいことをしているように思われます。ですから、校長は仕事を任せるだけではなく、全体の仕事量を見直すこともセットで行わなければなりません。

▽基準で決めて、仕事を減らす

まず、全体の仕事量を1割ほど削減してみてください。1割では影響がないと思われるかもしれませんが、あっという間に減らしたいものは2～3割になります。

しかし、いざ実行に移すとなると、何が無駄なのか判断に迷い、結局仕事を減らせないということが少なくありません。

そうなってしまう原因は、過去の延長線上で仕事の削減を考えているからです。判断に迷わないためには、「基準で決める」ことが大切です。

学校教育目標をよりどころとして、目指している子どもの姿を描き、その実現にそぐわないことは、長年続いていた慣例であってもバッサリとやめる、それくらい大胆に検討します。

「業務改善」のレベルではなく、「業務変革」のレベルで考えねばなりません。

判断基準は、次の３つで考えます。その業務をやめたら、

①学校教育目標と照らし合わせて不都合がある

②教職員のウェルビーイングに悪影響が出る

③関係者に多大な迷惑がかかる

このうち、１つでも当てはまるものはやめないというわけです。

たとえば、廃止しても誰の迷惑にもならないような会議や朝礼などはないでしょうか。

無駄をなくす方法はやめることだけではありません。仕事の手順を効率的な順序に組み替えたり、作業を簡素化したりする方法を検討していくことも有効です。

▽職員会議は45分でできる！

仕事量を減らせた例として、「45分職員会議」を実現したことがあります。

もともと会議は1時間以上かかっており、原因を探ると「職員会議の前に学年主任が集まって企画会を行い、職員会議で同じ問題を議論して時間がかかる」という話がありました。

そこで、企画会で学年主任が話し合った内容を、すぐに自分の学年に伝えることで改善しました。内容の変更は赤字で修正し、必要な書類は印刷するのではなく、サーバー上で管理し、職員会議までに各自が見ておきます。

会議時は、パソコンでサーバーのＰＤＦを見ながら変更点だけ伝えて、質問に答えて終わりにします。

時間を意識して行うため、タイマーを置き45分にセットします。小学校の教員は、45分の時間の使い方をよくわかっているはずです。

▽仕事量の1割を減らせた例

ほかにも、仕事を改めて見直し、以下のようなものが実現しました。

- 学校だよりと学年だよりを一元化
- 前期の通知票（表）のコメントをなくす
- ファイリングを進める
- 職員会議の資料をＰＤＦ化して印刷しない
- 会議の見直し・目的の明確化
- プリンターやコピー機の配置を換えて移動・時間短縮
- ＱＲコードの活用（申込み・アンケート等）

人を育てる意識をもつ

任せるうえで大切なのは、褒めることでもなく、叱ることでもなく、その人を育てる意識をもつことです。育てるという意識がなく、自分の機嫌で褒めたり叱ったりしても、一時的なもので終わってしまいます。

結果や成果だけを見て賞罰を与えることはせず、失敗しても成果が出なくても、そのチャレンジや意欲、プロセスを認め、次への意欲につながるように認め、励ますことが肝要です。

人は失敗を繰り返し、試行錯誤をしながら結果を出したり、成果を示したりして成長していくものです。人を育てるのには時間がかかります。「焦らず、とらわれず、あきらめず」、「見守り、待つ」という姿勢は、リーダーに求められる資質なのです。

▽「一年後」を待てるようになる

すぐの成果ではなく、中長期的なスパンでとらえ、待てるようになることも大切です。相手の判断を尊重しながら、仕事の様子を見守ります。

具体的には、「今」ではなく、「一年後」に視点を置きます。

一年後にはどんな成長をとげているか、楽しみに待ちます。

待てない校長は、「自分でやったほうが早い」と考えてしまい、いつまで経っても任せることができません。もちろん、自分がやったほうが確実で早いのは当然です。任せたところで、結局はミスが起こらないように確認するわけですから、任せたり引き継いだりするのが面倒になる気持ちはよくわかります。

ですが、それではいけません。「自分でやったほうが早い」と考える校長は、先のことを考えていないからです。

自分でやって仕事が回るのは今だけ。今後、仕事の範囲が広がったり、内容が増えたりしたら、確実に回らなくなります。

すべてを任せる勇気をもつ

校長があらゆることに口や手を出していると、チーム全体のパフォーマンスは停滞します。なぜなら、教職員の成長する機会が失われるだけでなく、校長への負担が集中して、行動に限界が訪れるためです。

そんなチーム崩壊を招きかねない危険な状況を回避するためにも、**校長は、教職員にすべてを任せる勇気をもたなければいけません。**

すべて任せて、もしもうまくいかなかった場合には、教職員本人に自分は次にどうすべきか、改善策を考える習慣をつけさせます。

すると、教職員からの相談は自然と、「私はこうしようと思いますが、よろしいでしょうか」という言い方に変化していきます。

▽できるだけすべて任せる

最初からすべて任せることは少ないですが、ビジョンを示し、方向性を共有できたら、すべて任せるようにしています。そして、一度任せたら、確認するくらいで、手出し口出しはしません。

たとえば、働き方の見直しも、最初は「理想の一日」ワークショップをしたり、学年プランをつくるように伝えてやってもらったりしますが、その後は学年主任にすべて任せています。学年主任は働き方学年プランをつくって取り組み、年度途中に振り返りをし、年度後半のプランをつくります。

各学年の状況に応じた働き方プランをつくって進めていきますので、大きな成果は短期では上がっていないかもしれませんが、画一的で一律なプランではないので、主体的に働き方を考え、無理のない働き方ができるようになってきています。ストレスチェックの値も少しずつ向上していることからも、うまくいっていると言えます。

▽失敗しても怒らない

すべて任せて失敗したときにも、決して怒ってはいけません。

失敗しようと思って失敗する人はいません。任せたからには、手出し口出しをしないのがマナーです。失敗したときに、次に向けてどのように進んでいけばいいのか一緒に考えたり、応援したりすればいいのです。それが、任せた人のとるべき行動です。

もし、失敗しても、校長の力を借りることなく自分たちでやり直しをしようとしているならば、じっと見守り応援するのも校長のあり方だと思います。

そのときには、言葉はいらないかもしれません。求めてくれれば、「次はうまくいくといいね」と言っておけばいいのです。失敗を恐れず、どんどん挑戦する教職員の姿を見られるのは、校長にとって大きな喜びでもあります。

▽何のために任せたのかを考える

教職員が失敗すると怒ってしまう校長がいるかもしれませんが、その怒りは自分に向けるべきです。いったい何のために任せたのでしょう。自分が楽をするためですか。自分の評判をよくするためですか。

失敗して辛いのは失敗した本人であり、ショックを受けているのも本人です。任せることによって、教職員を育てようと思ったのですから、チャレンジしたことを認め、応援する姿を見せなければ、二度とチャレンジしようとは思わなくなります。

校長は、教職員を育てるために任せるのだということを忘れてはいけません。

▽大きな失敗は校長が対応する

大きな失敗というのは、そんなに起こることではありません。

万が一、とくに子どもの命に関わるようなことが起こってしまったときには、校長が矢面に立って対応します。このときには、任せられた人には責任を感じさせないように、「これは学校の責任として、校長の私が対応します」と教職員に伝えるのです。

もし、大きな失敗をしてしまった場合は、校長が責任をもって対応します。

第2章

学校改善マネジメントの進め方

目指すビジョンを共有しよう

「校長は最終責任だけとる覚悟をして、あとは現場の教職員に任せましょう」と言えば簡単なことですが、それではちょっと乱暴ですね。もう少し、丁寧に考えなければなりません。

教職員一人ひとりの主体性に任せるのですが、教職員の目指す方向がバラバラだと、どこに向かっていくか心配になるのは当然です。学校教育目標で目指している子どもの姿を共有しておかなければなりません。

一人ひとりの教職員は、それぞれの教育観をもっていて、目指す子どもの姿、授業のあり方もまったく同じではありません。だから放っておくとバラバラな教育観、授業観、子ども観によって、バラバラな教育活動になりかねません。

ですから、すべての教職員間での学校教育目標のゴールのすり合わせが大切です。

年度当初には、ビジョンを共有するためのワークショップを実施する必要があります。

学校教育目標は、掲げてあるだけで、教職員みんながわかっているものとして説明することなく、新しい年度がスタートしてしまうことが多いですし、抽象度が高い目標が多いので、解釈も多義的になりやすいのです。

▽学校は学校教育目標を実現することを目指している

学校は、学校教育目標の実現を目指しているのであって、個人の願いの実現を目指しているのではありません。**ですから、学校教育目標に照らし合わせて、本人がやりたいことを実現するように応援すればいいのです。**

教職員がやりたいことというのは、すべて教育活動に関わることなので、それを学校教育目標の実現に向けて価値づけしていけばいいのです。

要するに、「何のためにやるか」を本人と共有すればいいのです。一人ひとりがやりたいことの実現に向けて日々取り組めるようにする。そうすれば、学校教育目標の実現に教職員全員で向かっていくことができるのです。

▽ワークショップでは、自分の言葉で語ろう

ビジョンの共有ワークショップでは、学校教育目標で目指す子どもの姿を自分の言葉で語ることが重要です。自分の体験と結びつけて説明し、イメージを具体的に表現するプロセスです。

このとき、言語化するのもいいのですが、絵で表したり、ブロックを使って立体で表現したりするとイメージもわきやすく共有しやすいようです。だんだんと、教職員間の共通点や合意点、新しい発見が浮かび上がってきます。

このように丁寧にビジョンを共有し、教育観、授業観、子ども観の共通点を見つけ、まとめていくことで、学校としての教育目標のゴールをすり合わせていけるのです。

▽ビジョンの共有ワークショップの手順

では、実際のビジョンの共有ワークショップの手順を見ていきましょう。

ワークショップは60分でできます。

まず、最初の20分間で、学校教育目標に照らし合わせて、これまで実現している姿を出し合います。たとえば、「生き生き」だったら、子どもが生き生きしていた場面をたくさん話します。「生き生き」という姿のとらえ方の違いもわかると思います。

次の20分で学校教育目標で目指している子どもの姿について、それぞれの描いていることを出し合います。

たとえば、「『輝く子ども』とは、どんな姿なんだろう。」「それをそれぞれの教師はどう考えているのだろう。」「今まで子どもたちは、輝いていたのだろうか。どんな姿で、どんなときだろう。」など姿や行動、態度を付箋に書いて貼っていきます。

すると、それぞれが考えている「輝く子ども」の姿が明確になっていきます。

ワークショップの様子

▽カテゴリー分けして、キーワードを見つけよう

次の10分で、付箋に書いた、具体的な姿や行動、態度などの意見をカテゴリー分けして、キーワードを見つけましょう。キーワードはいくつか出てくると思います。最後にグループでキーワードを発表します。キーワードを整理し、進行役の教務から学校として教育目標で目指す子どもの姿を提示してもらいます。

その後、全校児童に知らせ、学年目標、学級目標を考えてもらいます。

ＰＴＡ総会や学校運営協議会でも、ワークショップでビジョンの共有をしていきます。常に学校教育目標で目指す子どもの姿について話し合っていきます。

こうしたワークショップを通して、もともと「生き生き日枝っ子」という抽象的だった目標が、まちとの関わり、人との関わりを通して、自分を好きになり、「つながり合う、認め合う、ねばり強く、考えて動く、前向き、伝える」ことを大切にして教育活動を行う、という具体的な目標に変わりました。

ビジョンの共有ワークショップの流れ

20分	これまでに実現している子どもの姿を出し合う
↓	
20分	目指している子どもの姿を出し合う
↓	
10分	付箋で意見をカテゴリー分けして、キーワードを見つける
↓	
5分	全体に向け、グループでキーワードを発表する
↓	
5分	キーワードを整理し、学校教育目標で目指す子どもの姿を教務から提示する

学校教育目標を絵に描いた餅にしない

本校の学校教育目標は、「生き生き日枝っ子」ですが、その姿を、「自分を好きになる」を中心に「協働性、多様性、追究力、思考力・判断力、主体性、発信・表現力」の6つの姿にまとめて、子どもにもわかる言葉で示し、「つながり合う、認め合う、ねばり強く、考えて動く、前向き、伝える」として全校朝会で説明しました。その後、各学級で話し合い、6つの姿を子どもたちの言葉で表し、学級目標として設定しました。**子どもたちは、年間を通して、目標を意識し、自分たちの活動がその目標に向かっているのか、実現しているのかを常に振り返っていました。**

学校教育目標が日々の教育活動に結びつき、教職員も子どもも意識しながら日々の学習や生活を送っています。

▽行事の見直しでも、学校教育目標がよりどころとなる

また、行事を見直したり、新たな提案をしたりするときにも学校教育目標はよりどころとなります。

たとえば、学校教育目標で主体的な姿を求めているならば、運動会の提案の場面で、子どもたちが主体的に取り組める機会を多くしていくような計画が必要です。子どもたちが中心になって準備をしたり、練習も子ども同士で教え合ったり、励まし合ったりしながらするようにしていかなければなりません。

運動会当日も、子どもが活躍する機会を最大限にして、教職員は裏方に回って、子どもたちの活動を見守ったり、支えたりしなければなりません。

教職員が前面に出て目立ったり、子どもに指示して動かしたりしているようでは本末転倒です。しっかりと計画し、実施し、振り返りをする場面でも学校教育目標が大切なよりどころとなります。

「この指とまれ方式プロジェクト」の実践

本校では、教職員が自ら企画する「この指とまれ方式プロジェクト」を行っています。これは、教職員一人ひとりが教育現場において自分のやりたいことを実現するプロジェクトです。

プロジェクトはすべて教職員に任せています。

「文科省やIT企業に見学に行きますが、行きたい人は集まってくださいね！」

「ファイリングをしたいので一緒にやってくれる人いませんか？」

「職員室が手狭になってきました。みんなが使いやすくなるようにできるところから改善していきませんか？」

「ESD・SDGsをこれまでの教育活動につなげて考えてみます！　会議は普段

はメッセンジャーを使い、夏には六本木ヒルズでやりましょう！」

「最近、平和教育が減ってきたから、せめて横浜大空襲のことは子どもに伝えたいです。私やってもいいですか？」

このように、次々にプロジェクトは立ち上がってきます。

文科省やIT企業に行く「大人の遠足プロジェクト」のリーダーは新採用2年目の若手教員です。2年目でもリーダーを引き受け、どんどんチャレンジしています。

いつも顔を合わせている教職員同士であっても、いつもと異なる内容でつながると、普段なら口にしないような話題が出て、新たな学びが生まれるとコメントしていました。

▽「この指とまれ方式プロジェクト」を始めたきっかけ

そもそも「この指とまれ方式プロジェクト」を始めたのは、年度末面談や日常の会話の中でよく出る「みんなのやりたいこと」がきっかけでした。

「紙の資料を減らすことで、片づけたり資料を探したりする時間を減らしたい」

「職員室が働きやすい場になるようにしたい」

「ICTを活用して、英語の授業でアプリを導入したい」

「学校だけで学ぶのではなく、外に出て研修をしたい」

このように挙がる内容は、どれも教職員の資質・能力の向上が期待できるものです。これらをすべて実現できれば、教職員のストレスが軽減し、主体性も育っていくと考え、プロジェクトを始めることにしました。

▽プロジェクトが実行しやすい環境を校長が整える

そこで、年度初めに次のようにプロジェクトの企画について話しました。

「面談をして一人ひとりにやりたいことがあることがわかりました。ですから、みなさんがやりたいことを実現するプロジェクトをつくりたいと思います。やりたいことがある人が手を挙げて、賛同する人が集まりプロジェクトチームをつくります。みんなに公表してやっていきましょう」

また、それに加えて、こんなふうにやり方を提案してみました。

「プロジェクトリーダー会議も開き、お互いの進捗状況を共有したり、相談したりできるようにしたいと思います。この指とまれ方式でやっていくので、みんなでやらなくてもいいのです。発案した人が中心となって、一人でも二人でも、集まった人で進めていきましょう。途中で抜けても加わっても構いません。終わったら解散してもいいし、次の年に引き続き行っても構いません。みなさんで決めてやっていきましょう」

このように校長は、教職員が主体的に取り組むことができる環境をつくります。そのためには、「やりたいことができる環境をつくる」と言えばいいだけなのです。

▽問題続出の「この指とまれ方式プロジェクト」

このようにして始まった「この指とまれ方式プロジェクト」ですが、最初から順風満帆だったわけではありません。

まず、集まる時間がとれませんでした。勤務時間内で時間をつくるのは無理です。

この問題は、メールで資料を共有したり、時間が生み出せそうなときに予定を入れたり、ほかの会議と合わせて行ったりしてクリアしました。

また、プロジェクトリーダー会議の位置づけが不明確で内容が決まらなかったので、開始年度の後期にこの会議は廃止しました。プロジェクトリーダーは好きなときにほかのプロジェクトと情報を共有し、相談したいときに集まるようにしました。

▽面倒でもこんなにも効果がある！

こういうことをやるときに、決して、

「みんなでやらなければいけない！」

「やりたくなくても、やらなければいけない…」

「余計なことをしないでほしい」

などと感じる人が出ないようにしなければなりません。そういう考えが出始めると職員室の中に不協和音が生じます。チーム内、チーム同士、チームに参加している人といない人との関係性を整えるのも校長の重要な仕事です。

そう聞くと、面倒だからやりたくないという方もいるかもしれませんが、それ以上にこのプロジェクトチームには大きな効果が出ます。

たとえば、一人ひとりが活躍できることです。年齢に関係なく自分から校務分掌をやりたい人が出てきたり、ファシリテーターの役割を担える人も出てきたりするはずです。そういう人に活躍するチャンスを与えられます。

また、年齢や立場による壁がなくなってつながれるようになります。

人間関係が固定化しないので、多様な関係が生まれ、組織としても活性化します。


何よりも大きな成果は、やりたいことをやれるチームは、幸福感（＝ウェルビーイング）を生み、その雰囲気がまわりに波及していくことです。

チームが動いている限り、じわじわと幸福感も広がっていくのです。

「この指とまれ方式プロジェクト」の様子

任せると、カリキュラム・マネジメント力が高まる

先に紹介した「この指とまれ方式プロジェクト」からもわかる通り、任せることによって主体的な教職員が育つ、つまり、自分から動くようになるのです。

本来、担任教員の場合は、自分のクラスを任せられているわけですから、クラスでやることを、勝手にやっていいのです。学年主任であれば学年でやる行事を、研究主任であれば研究を、教務主任であれば年間予定や週予定を、というように自分が任せられている範囲で勝手にやっていいのです。

最終的な責任者は校長ですから、思いきり勝手にやってもいいのです。

この「自分で勝手にやる」ということが、実はカリキュラム・マネジメント力を高めているのです。 何かにとらわれている、縛られている、見張られている状況では、教員それぞれのよさを発揮したカリキュラムを編成することはできません。

▽一人ひとりが即時に判断できる力がつく

とくに担任教員なら、目の前の子どもと一緒に、そのときどきで最も必要な学びをつくるために、ライブ感をもって日々の授業を考え、計画していくことが肝要です。**今、何が必要なのかを優先するならば、どこで、誰と、どのような学びをしていきたいのかを即時的に決定して進めていかなければなりません。**

授業は、計画通りに進むわけではありませんから、そのときどきでの判断が授業をよくも悪くもします。

私も教員時代、担任のときは授業を、研究主任のときは研究の内容や進め方を、教務主任のときは週予定や行事を、勝手に決めてやっていました。

おかげで、斬新なアイデアを取り入れた実践を重ねられました。異端だと言われてはいましたが、子どもは主体的になり、元気な学校に変えていくことができました。

教師は未来を見据えて、仕事をしよう

新学習指導要領の実施と働き方改革という大きな矛盾を抱えた教育改革の真っただ中で、校長が目先のことばかり考えていると現場はますます疲弊してしまいます。

ではどこを見て仕事をすればいいでしょう。

それは未来を見ることです。

まずは近い未来、10年後の2030年を目標にしてみましょう。

ＳＤＧｓ（持続可能な開発目標）は2030年を目標にして達成を目指しています。

ＥＳＤ（持続可能な開発のための教育）も2030年を目指してＳＤＧｓの達成に貢献しようとしています。また、これからの質の高い教育はＳＤＧｓを達成することだとも言われています。

▽まず２０３０年を目指して考えよう

まず２０３０年にどんな社会が待ち受けているかを考え、そのときに必要になる教育や教師像を考え、バックキャストでこれからの教育や学校を考えてみたらどうでしょうか。

私が関心をもって見ているのはＯＥＣＤのEducation 2030プロジェクトの「２０３０年に向けた学習枠組み」で示されている「Education 2030：共有しているビジョン」です。

このビジョンには、前述の大きな矛盾を解決する糸口になる可能性を感じます。そこには、次のように記してあります。

「私たちには、全ての学習者が、一人の人間として全人的に成長し、その潜在能力を引き出し、個人、コミュニティ、そして地球のウェルビーイングの上に築かれる、私たちの未来の形成に携わっていくことができるように支えていく責務がある。

2018年に学校に入学する子供たちには、資源が無限だとか、資源は利用されるために存在するといった考え方を捨てることが求められる。それよりも、全人類の繁栄や持続可能性、ウェルビーイングに価値を置くことが求められるだろう。彼らは、分断よりも協働を、短期的な利益よりも持続可能性を大切にして、責任を負うとともに権限を持つ必要がある。

「VUCA」(不安定、不確実、複雑、曖昧)が急速に進展する世界に直面する中で、教育の在り方次第で、直面している課題を解決することができるのか、それとも解決できずに敗れることとなるのかが変わってくる。新たな科学に関する知識が爆発的に増大し、複雑な社会的課題が拡大していく時代において、カリキュラムも、おそらくは全く新しい方向に進化し続けなければならないだろう。」

今、学校で学んでいる小・中学生が社会に出て働く頃は、ウェルビーイングと持続可能性が大きな価値をもつことになります。ESDを実現していくなかで、「個人、他者、環境へのケア」という表現が見られ、多くの学校では大いに活用して学校経営をしてきました。
しかし、これから２０３０年を目指すときには、「個人、コミュニティ、地球のウェルビーイング」を持続可能性のエッセンスととらえていいのかもしれません。

▽新学習指導要領の前文から

新学習指導要領には前文が設けられ、これから目指す社会は「持続可能な社会」と明確に示されており、持続可能な社会の創り手を育むことが求められているのです。**持続可能な社会の「担い手」ではなく「創り手」となっているところがポイントです。**

漠然とした不安、世界に蔓延する暴力の連鎖、排他的な自国中心主義、コミュニティの対話力・多様性受容力・共感力の欠如、非寛容な社会が広がってきていると感じます。

このような持続不可能な社会のシステムを引き継いで子どもたちに担わせるのか？いや、持続可能な明るく豊かな未来を創っていく子どもを育みたいと思います。

今、主体的に持続可能な方向へと変えていこうとしないことは、持続不可能なままの社会を子どもたちに担わせることになります。これから先、子どもたちが今までと同じように豊かな生活を過ごせる保証はありません。

今、多くの若者が抱える、子どもが育てにくいという不安や、年金がもらえるかという不安は、過去数十年の間に真剣に議論がされてこなかったことが原因です。ほかにも、気候変動、生物多様性の喪失、持続可能な生産と消費の崩れ、少子高齢化といった、山積する問題がもたらす不安は、未来をつくる子どもたちへの負債となります。

今、私たちが目の前の問題に真剣に向かい合わなければ、これからの時代を生きる子どもたちにすべてのツケを払わせることにもなるのです。

▽再現の教育から創造の教育へ

持続可能な社会の創り手を育むために、覚えたことをただはき出す「再現のための教育」から、自分で考えて問題解決する「変容のための教育」への転換が求められます。

従順に言われたことをこなすだけでは、充実した豊かな生活を営めません。

急いですぐに答えを求めるのではなく、ゆっくり考えて、多様な考えを尊重し合う学校文化に変えていかなければなりません。

そんな学校の体質改善を行うとき、授業に主体性・多様性が求められているのに、学校そのものが受け身で画一的で変わろうとしないのであれば、ますます体質は悪化します。

教職員が変わらなければ、授業も変わりません。

それどころか、主体性のない、疲れ果てた教職員を毎日見続ける子どもたちは、こんな大人になりたくないと思うでしょう。

「子どもは、大人が言うようになるのではなく、大人がするようになる」と言われます。とくに長い時間一緒にいる小学校の先生の影響を受けやすいのです。

私たちが日々の生活の中でどんな選択をしてきたか、これまでの集大成が、今の社会です。しかし、これからどんな選択をするか、さまざまな出来事にどう関わるかで未来が創られます。すべての人が持続可能な社会の創り手であり、その担い手になるのです。

この基盤になるのがウェルビーイングだととらえれば、新学習指導要領の実施と働き方改革という大きな矛盾も少しは解消するのではないかと考えています。

▽ホールスクールアプローチで学校変容を

未来を創る教育へのアプローチの一歩を踏み出すためには、まず大人のワクワク感が大切にされ、結果よりもプロセスを大切にする感覚が日常で共有される学校に変えていくことです。

学校全体での取り組みは、ユネスコ等が推奨する「ホールスクールアプローチ」で、学年、クラスといった「部分」ではなく、学校「全体」を対象に児童生徒に寄り添いながら推し進めていく「変革」であり、旧態依然たる「学校文化」に変容を迫る過程を大切にすることです。

ホールスクールアプローチで、まず校長を含めた教職員が変容し、次に子どもたちが変わり、そして保護者、地域が持続可能な未来を考えるように広げていくことです。

そして、教育を超えて働き方や暮らしへと眼差しを向けていくことで、個人やコミュニティのウェルビーイング、さらに地球のウェルビーイングを実現するＳＤＧｓ達成に貢献できるのです。

持続可能な社会を創り、ウェルビーイングな生活の実現を描くことが、校長にとっても、教職員にとっても必要なビジョンとなってくるのだと考えています。

※ホールスクールアプローチ…持続可能な社会を創るための学びとして、教室の中で展開される授業のみならず、学校のあり方そのものを見直していく手法である。校内の水や食、エネルギー、校舎・校庭、健康、音、マイノリティの人々（障がい児や外国籍児童等）、地域および海外とのつながり、教職員の働き方までも、学校生活を構成しているあらゆる要素を持続可能性という観点から見直していく日々の試みである。

第3章

教職員との信頼関係はどう築く？

任せるとは、双方向的なもの

任せるとは、任せる側が一方的に行うのではなく、双方向的なものなのだと思います。相互承認のもとに行われる「任せる」というやりとりは、学校経営上の重要なマネジメントになるのだと考えています。

だからこそ、任せるうえで、信頼関係は欠かせません。つまり、任せるまでの下準備（下心）が大事です。

そのためには、任せる相手を日常的によく観察しておくこと、まわりの人から情報を入手しておくこと、そして、直接対話したり面談したりする機会をもつことです。

私は、とくに年度末面談を大切にしています。

年度末面談では、教職員一人ひとりと十分に時間をとって、年度の振り返りと今後目指したいことや、やってみたいことを聞くようにしています。

▽何を任せられたかより、誰に任せられたか

なぜ任せるときに信頼関係が大切なのかというと、任せられた側にとって「何を任せられたか」より、「誰に任せられたか」が任せられた仕事の結果を決めるからです。その関係性は心地よく仕事をするための重要な要素です。その関係性は、信頼関係があることが必要です。

任せられて心地いいかどうかは、任せた側が魅力的かどうかと言い換えてもいいかもしれません。高圧的で、人の話を聞かない、叱ったり、怒鳴ったりするような力ずくでの指導しかできない人には魅力を感じませんよね。魅力的ではない人に頼まれても嬉しくないし、聞きたくないですよね。

常に、自分を高め、柔軟に自分をアップデートし、人の話をよく聞く人。そして機嫌よく楽しそうに仕事をしているような魅力的な人。そんな人から任せられれば、応えたくなると思います。

みんなで本音を共有できるか

信頼関係を築くためには、まずみんなが本音で語り合える環境をつくることが必要です。

毎日お互いに意見を聞いたり、どう考えているのかを知ることができたりすれば、「なるほど」と気づきが得られます。「確かにそういう方向性に進んでいるね」と感じることもできます。

だからこそ、「これは賛同するけれど、これは賛同しない」「実はこう考えている」といった本音を共有しやすい環境（場）をつくる必要があります。

ポジティブなこともネガティブなことも語り合えることが大切なのです。

▽対話やワークショップに参加してもらう

そのためには、まずは一度、対話やワークショップ、交流会等に参加してもらうこと、そのための工夫や働きかけが重要となります。

対話やワークショップは、本音を共有できるだけでなく、教職員の抱える問題の解決糸口ともなるので大切です。教職員のメンタルヘルスを考えれば、時間的にも精神的にも余裕がないときほど参加を促す工夫も併せて必要となってきます。

ワークショップでは、サポーティブな関わりの場を意図して行います。

終盤には、フリートークの時間を設定し、お茶を飲みながら打ち解けた雰囲気で、その日の感想や印象、自由連想で思い浮かんだことなどを自由に語り合います。

学年や教科を超えて教職員が実践事例について語ることは、教職員としての自分の教育観を見直すことになります。また、同僚理解が進むことは、結果的に同僚性の高まりに結びついていきます。

▽物理的に「本音を語れる場」をつくる

では、「本音を語れる場」はどうやってつくるのでしょうか。

私は、校長室をカフェ化し、お茶やお菓子を食べながらリラックスして対話やワークショップができる場、となるように準備しています。

「本音を語れる場」というのは、「言いたいことが言える」安心感が必要です。

その場の雰囲気が、明るくおだやかであれば、話しやすくなります。心理的安全性を確保できるような場をつくるために、いろいろ工夫できると思いますが、私は「円たくん」を使って話しやすい場をつくってきました。円たくんのつくり出す距離感は、絶妙でついつい話してしまうようです。

仕切るのは誰でもよしとします。すべての教職員がファシリテーターであることが望ましいです。なぜならば、これからの授業において、教員はファシリテーターの役割を担うことになるからです。

時間は、長くても60分で、20分を3回に分けるなどして休憩を入れながら進めます。

▽実際にどんなことを話すのか？

日常的な対話では、「自分のやりたいことをどうやって進めるか」「人間関係をどうやって整えるか」「モチベーションが落ちたときにどうやって上げるか」などを話してきました。

ワークショップでは、「どんな授業をつくっていくか」「行事の振り返り」「研究の進め方」「授業での子どもの姿について」「働き方についての見直し」などを話してきました。

参加者の感想は、本音で語り合えることで、お互いに悩みなどを打ちあけながら話すことができたということでした。

円たくんで話し合っている様子

校長が身につけるべき大切な3つのこと

校長が身につけるべき大切な3つのことを紹介します。と言いながらも、私も十分にできていないことがあり、いくつになっても「人の振り見て我が振り直せ」です。

▽いつでも上機嫌でいる

まず一つ目が、いつでも上機嫌でいることです。ネガティブな感情は職場の空気を台無しにします。職場に、その日の気分で態度が激しく変わる人がいたら、毎朝の出勤が憂鬱になります。しかも、そんな人が校長だとしたら……なおさら辛いですよね。

もし不機嫌な自分に気づいたら、ひとりになって冷静になる時間をもつといいかもしれません。大人になったら自分の機嫌は自分でとりましょう。

逆に、校長のあなたが上機嫌でいることは、まわりにハッピーを投げかけているということなのです。上機嫌も伝染していくからです。

▽文句ではなく提案をする

二つ目は、文句ではなく提案をすることです。他人の欠点は気づきやすく文句を言ってしまいやすいものですが、こちらができているとは限りませんよね。文句を言うのではなく、提案できる習慣を身につけたいです。

▽自分のミスを認める

三つ目は、自分のミスを認めることです。うっかりミスなど、仕事中に間違えてしまうことはあります。そんなときに自分のミス（＝弱さ）を素直に認められる人こそ、本当にできる人なのかもしれません。「指摘してくれてありがとう」と言える勇気をもちたいものです。

信頼関係は「ケア」で強固になる

職場での「ケア」は、教職員を常に気にかけること、声をかけることを日常化し、孤立を防がなければなりません。職場の一員としてすべての人が認められ、その場で存在価値があることを実感することが大事です。

「ケア」（ｃａｒｅ）という言葉は、これまで看護や介護の分野でよく使われていました。この分野では正式には「看護ケア」と言われるそうですが、私も母の最期を看取る前に、病院には「緩和ケア病棟」という場所があることを知りました。

しかし、看護や介護のことをケアと言うのは狭義であり、広い意味では、世話や配慮、気配り、メンテナンスなどをすることなので、乳幼児の世話からペットの世話、髪や肌の手入れまで、すべてをケアと呼ぶのだそうです。

▽ケアを通して、成長と自己実現を助ける

思い返してみると、私がバスケットボールの選手だった頃にも「ケア」という言葉を使っていました。「後ろをケアしろ！」など、きっと「気をつけろ！」「注意しろ！」という意味で使っていたのだと思います。

そして、最近は、教育の分野でも使われるようになってきました。「ケア」は、他者との「よき関わり」（関係性）という点で、「手助けする・世話する」「受けとめる・聞きとる」といった相互関係的な活動、共感的な関わりを意味しています。

ケアすること＝受けとめること・聞きとることを通して、相手が成長すること・自己実現することを助けるのです。

また、ほかの人を「ケア」することを通して、ほかの人の役に立つと、「ケア」する人自身も自分の存在価値を実感し心も安定します。「ケア」し、「ケア」されることを通して、安心感や励ましのある、心が安らぐ生活を送ることができるのです。

▽ケアは、聞くこと・見ること

「ケア」は、親子関係、教職員と子どもの関係、教職員同士の関係においても言えることです。「ケア」は、「語る」「伝える」こと以上に「聞く」「見る」ことが重要です。「苦悩する子どもの声を聞きとる」「困っている同僚の様子を気にして見る」といった姿勢、これが「ケア」の精神です。教育は信頼関係の上に成立するものです。また、信頼関係は、「ケア」の精神がベースにあってこそのものです。

▽ケアは、お互いに受容し合うこと

「ケア」について簡単に言うと、お互いに受容し合うことです。

違いを認め合うことでお互いに楽にもなります。今の時代は「ケア」の文化が薄れてきた社会や教育環境なので、お互いに気にかけたり、声をかけたりすることを重視しないとウェルビーイングな教育環境・職場環境はつくれません。認め合えない組織は、元気にはなれません。

「自分」へのケア、「他者」へのケア、「環境」へのケアと「ケア」の対象を広げていきます。ウェルビーイングも同じで、「私」「私たち」「地球」と広げて考えると持続可能な社会が描けます。

「ケア」が職員室にあふれてくると、それが学校中に広がっていきます。

「ケア」を意識するとほかの人との違いがわかるようになり理解できるようになり、違いを受容できるようになります。そうすればみんなが楽に関われるようになります。それぞれのマインドセットを変えることによって違いを受け入れ気持ちよく関われるようになります。それは、「同じではなく、違うんだ」と思うだけのことです。

まず、校長からマインドセットを変えます。そして、教職員を自分と同じ考えに染めてしまおうとせず、それぞれの色を受け入れ、うまく色を混ぜながら、みんながケアし合いやすい雰囲気づくりに力を注ぎたいものです。

教職員の仲のよさは子どもに伝わる

さて校長と教頭・副校長との関係はどうでしょう？　仲よくされていますか。

職員室や校長室で、校長と教頭・副校長が、どのような関係性で関わっているのか、教職員は見ています。学校内に役職上のヒエラルキーはあるにしても、それを強く示すような関わり方や話し方は、教職員にも圧力をかけます。

できるだけフラットな関係性を保ちながら、情報交換・相談を中心とした対話を重ねていくことが好ましいです。

そうすれば、教職員も安心して報連相（報告・連絡・相談）ができるので、良好な関係性の中でモチベーションも保つことができます。

校長と教頭・副校長の関係は、教職員同士の関係に影響するのです。

▽仲のよさは伝染していく

校長と教頭・副校長の関係が教職員同士の関係に影響し、教職員同士の関係は、そのまま子どもにも伝わります。教職員同士の仲がよいと、子どもの安心感を育むことになります。

その結果、教職員と子どもの関係はよくなり、教育支援の効果が上がることは言うまでもありません。教職員と子どもそれぞれの中に安心感が育めてはじめて、子ども一人ひとりが大切にされる学校ができあがると思います。

今後も、新任教員の大量採用が見込まれ、ますますベテランと若手との関係性が大切になります。対話やワークショップで、ベテランと若手との間をつなぎ、同僚性の高い職場を目指すことが、職場の信頼関係を築くためには欠かせません。

この対話とワークショップの場が機能するような環境をつくることは、校長にとって大変重要な仕事になります。校長は教職員と対等の関係で参加し、その姿から教職員は校長を身近に感じることができるので、信頼関係の構築にも役立ちます。

第4章

「任せる」ために校長がしていること

やらされ感をもたせないつぶやき

「これをやってください」「このようにやってください」という一方的な命令や指示だと、言われた側は「やらされている」と感じてしまいます。

では、やらされ感をなくすには、どんな伝え方がいいのでしょうか？

私が、どうやって効果的に伝えているのかといえば、つぶやきです。

「こういうのがあるんだけどなぁ」「発表してくれる人、いないかなぁ」「見て、これ、いいでしょう？ うちの学校でもできるといいよね」「あなたは、こんなことに興味があると言ってたよね。これ、どう？」「どうやってやればいいと思う？」「何かいいアイデア、あったら教えて」「どうしたい？」「やりたいことある？」「やめたいことある？」などとつぶやいています。

前任校の教職員たちは、「住田先生がそばを通ると、何かぶつぶつ言うんだよね」

と教職員同士で話していたようです。そうして何かを感じ、「よし、やろう」という自主的な行動を起こすわけです。

▽つぶやくときには、間を意識せよ

また、つぶやくときに、大切なのは「間《ま》」です。待てない教職員は子どもの考えを引き出せず、経験の浅い教職員は沈黙を嫌います。

しかし、この「沈黙の間」を使うと効果的なのです。たとえば、対話の中で、「○○さんは、こういうことが大事だと言ってたよね…」とつぶやいたあと、すぐに答えを期待せず、黙り込みます。そうすると、つぶやかれた側は考え込みます。

間を置いて「それは、どうすればできるだろうね…」とつぶやきます。そうすると、自分のやってみたいことが次々と出てきて、話し合いが進み、お互いに結構楽しい時間になります。そうやって決まったことにはやらされ感がなくなっていくのです。

「指示・命令」を「問い」に変える

私は、校長になって10年、「指示・命令」をしたことは、ほとんどありません。主にしてきたことは「問う」ことです。そうすることで、教職員は、自分で考え、判断し、気づき、行動できる力がつくからです。校長はその道筋を示します。

だから私は管理職向けの研修では、

「指示や命令より、問いやヒントを出しましょう！」と必ず言っています。

なぜなら、校長が指示や命令、アドバイスをした途端、教職員は考えることをやめ、アドバイスされた通りのことをやるようになるからです。進捗状況をたびたび尋ねたり、先回りして仕事の確認や指示をしたりする校長もいますが、されている側はどう思うでしょう？

「自分は信頼されてない」「今、やってるのに」「今からやろうと思ったのに」とモチベーションを下げてしまうことになるでしょう。

▽「どうしたらいいと思う?」と尋ねてみよう

校長の道筋の示し方としては、校長着任一年目の途中あたりから、「どうしたい?」「どうしたらいいと思う?」と尋ねましょう。そうすると、教職員は自分の考えを話してくれるので、「それいいね。それでやってみよう」と後押しすればいいのです。

そのとき、たまには驚くことも大切だと思います。私と違う考えや思いつかなかったアイデアだった場合は、私にとっても学びとなりますから、「なるほど! そういう手もあったか!」と驚きを伝えることもいいのではないかと思っています。

何も、むやみに褒めたり、おべんちゃらを言ったりしなくても、認めることや驚くことで、信頼していることは伝わるのではないかと思います。

そして、「ありがとう。助かるよ。私も学んだよ」と言葉にして伝えることが大切ではないでしょうか。

「問い」にするのには目的があります。それは、相手の関心を高めることと、相手に考えさせることです。教職員の関心を高めたり、考えてほしい質問をしたりすることで、主体的な教職員を育てることができます。

▽①相手の関心を高める

人は質問されると「関心」が高まります。「運動会の目的は○○です」と「伝達」する場面を、「運動会は何のためにやるんだと思う?」と質問に変えるだけで、グッと教職員の関心が高まるのです。

テレビ番組はこの手法を多用していて、「果たしてタレントの○○は激辛チャーハンを食べ切ることができるのか⁉」などとあおります。タレントがチャーハンを食べ切れるかどうかは、本来どうでもいいことのはずなのに、質問によって関心を高められてしまい、ついついチャンネルを替えられずに観入ってしまうのです。

▽②相手に考えさせる

「問い」のもう一つの役割が、「相手に考えさせる」ことです。人は質問されると、つい「考えてしまう」生き物です。

「この資料はここが問題だね」と指摘するよりも、「この資料が10倍よくなる方法があるんだけど、何だと思う？」と質問されると、教職員は資料の改善点を考えるようになります。日常生活でも、「今日の晩ご飯は何がいいかな？」と質問されれば、自然と考えてしまいますよね。

あえて、「知っていること」を質問すること、「伝達」の前に「問い」を入れて関心を高めること、「指示」を「問い」に変えて考えさせること、これだけで、教職員は見違えるほどに自ら考えて動いてくれるようになります。

ポジティブで未来志向の問いにする

具体的にどんな問いで尋ねるといいかと言えば、**「ポジティブ・未来志向・具体的な問い」です。**「なぜ」ではなく、「どうしたら」「どうすれば」というフレーズとセットになることが多い質問です。

- どうしたらいいと思う？
- どうすればできるようになる？
- 具体的にはどうしたらいいかな？

などです。

これも、その人の経験によって対応は違ってきます。助け舟を出したり、選択肢を与えたり、深掘りしたりしながら対話を進めます。とにかく自分で決めることが大切なので、校長の考えを押しつけるようなことをしたら、それは校長の力不足です。

▽任せるときにワクワク感（＝未来への期待）をもたせる

ほとんどの校長は、教職員に仕事を「お願いしている」ような現状があります。しかし、任せ上手な校長は、教職員が自ら「その仕事をやりたい」という状態をつくり出します。その大事なポイントが、「ワクワク感」です。

教職員が「ワクワク状態」であれば、その仕事をやりたいと前のめりになり、あなたが任せようとする以上に仕事をしようと意欲的になります。

ワクワクしているときとは、「自分の好きなことや面白いと思うことがこの先増えそうだという見通し」が立って「未来への期待感」が高まったときです。これからどんな未来になるのか？　どんな自分に出会えるのか？　どんな可能性が広がっているのか？

未来を想像したときに、自分の好きなこと、面白いと思うことが増えそうだと思えたら、ワクワク感は止まりません。

ワクワク感とは、「未来への期待感」なのです。

▽ワクワク感は「未来に向けた話」でつくろう

では、任せるときにワクワク感（＝未来への期待）をもたせるにはどうしたらいいでしょうか。それは、会話の「未来に向けた話の割合」を上げることです。

あなたの会話を過去・現在・未来の３つに分けたとき、それぞれは全体の何％を占めていますか？

ほとんどの人は「現在」のことばかりを話しています。「今取り組んでいることがうまくいっているとか、うまくいかないとか」などです。

そして、次に多いのが「過去」の話でしょう。過去の話というのは、関係性を深めるのに有効です。昔はこうだった、と先輩の話を聞けば、成功体験も失敗体験も勉強になりますし、笑い話などで過去の話を共有すれば、お互いを深く知ることになり、関係性をよくすることができます。

しかし、過去の比率が高すぎるのは問題です。過去にばかり目が向いている校長と会話をしても、教職員は将来の見通しをもてるようにはなりません。

だから、増やすべきは、やはり「未来」の話なのです。

これからどうしていきたいのか。どうしたらもっとよくなるか。話し合うほどに「現在の不満や問題点」を「未来への提案」に変換し、現在をどんどん改善するアイデアを出すことができます。

▽面談での未来比率は80％以上

私は年度末に教職員の一人ひとりと時間をたっぷりとって面談します。このときの話題は未来比率が80％以上です。「次年度や次年度以降やりたいこと、やってみたいことは何？」「この先、どんな教職員を目指してる？」「将来は、どんな立場で仕事をしたいと思ってる？」というような問いを投げかけて話を聞きます。

そして、その中で長期的な目標と短期的な目標を設定して実現に向けてアプローチの手立てや手法を一緒に考えます。未来志向の話し合いによって、ワクワク感をもって次年度を迎えられるのだと思います。

▽ワクワク感は「他者の存在」でもつくれる

任せるときにワクワク感（＝未来への期待）をもたせる方法としてもう一つ考えられるのは、**「他者の存在を中心に考える」ことです。**

仕事には必ずその価値を提供する相手がいます。学校現場では、その相手は子どもが中心ではないでしょうか。その子どもを中心に考えると仕事のワクワク感がわいてきます。

具体的に言うと、「子どもに言われたり、子どもがしていたりすることで嬉しかったこと」を書き出す、もしくは話し合う。それだけです。

▽ワクワクがないのは、仕事の面白さを実感できていないこと

教育に関わる者にとっては子どもに喜んでもらうことに、仕事の面白さの本質があります。面白さに気づいてしまえば、あとはそれをどうやって増やすかを話し合うだけです。

ワクワクがないというのは、仕事の面白さを実感できていないということであり、その仕事の面白さが将来増えていくイメージがわいていないということです。校長であるあなたについても同様です。あなた自身にワクワク感がないとすれば、子どもから得られる喜びを忘れてしまっているのです。

▽「未来に向けた話」について話す時間を設ける

具体的には、「未来に向けた話」を話すチームを結成するのもおすすめです。週に1回程度、30分ほどで構いませんので、チームで対話することをおすすめします。ここでの議題は3つです。

①　この1週間で「子どもや保護者、同僚に言われて嬉しかったこと」

②　この1週間で「もっと子どもや保護者、同僚から喜んでもらえたはずなのに」と感じた反省

③　「どうしたらもっと子どもや保護者、同僚の喜びが増えそうか」という改善方法

▽「嬉しかったこと」とは？

①は、楽しいや面白いではなく「嬉しかったこと」を話すのがポイントです。楽しい、面白いというのは、仕事が時間内に終えられたとか、早く帰れたとか、自分一人で得られる利己的なものになりがちだからです。

しかし、嬉しかったことというのは、自分一人では生まれません。必ずその嬉しさをもたらしてくれた相手が存在します。子どもだったり、保護者や地域の人や来客だったり、一緒に働く仲間だったり、自分以外の相手の存在から、自分の仕事の価値を再発見するのが「嬉しかったこと」について対話する意味です。

▽「もっと喜んでもらえたはずなのに」と感じた反省とは？

②は、「なぜ喜んでもらえなかったのか」と犯人や原因探しをするのではなく、「どうすればもっといいアプローチになったのか」と、未来への提案に変換することがポイントになります。

▽「どうしたら喜びが増えそうか」と改善方法を考える

③はズバリ、「どうしたら子どもの喜びが増えそうか」を議論します。

このように、自分たちの仕事の喜びを全員で共有し、現在の問題点を未来への提案に変換し、どうすれば仕事の喜びが増えるのかを毎週議論すると、「未来に向けた話の割合」を増やすことができます。

この3つのアプローチを繰り返していると、教職員が「集まれば未来について話すチーム」に変革していきます。

これからのリーダー像

「学校を自分がどうにかしなきゃ！」という校長を見ていると、何でも自分が先頭に立ってやらなくてはいけないと思っているように見受けられます。

しかし、**校長だからと言って、いつも先頭を歩かなくてはいけないわけではありません。**

「校長の強い校長シップのもと、改革を推進してください」

ことあるたびに世間でよく聞くフレーズになってきました。何かを浸透させたり、実行に移したりするためには学校のトップである校長が強い校長シップを発揮することが必要だと思われているようです。

しかし、校長シップを学んだことがなく、先輩校長がトップダウン型の強さをもった学校の後任校長は、強烈なトップダウンを引き継ぐことになってしまいます。

そして校長の雰囲気が高圧的で、「こうしていればいいんだ」「自分が言う通りにやれば間違いない」「そんな考えではダメだ」「私の言うことを聞かないのなら、この学校にいても仕方ない」などという言動があっては、教職員は主体的になれません。

実際に、校長がすごすぎたり、一人で頑張りすぎたりするために、誰もついていくことができず機能不全に陥っている学校があります。

▽フォロワーを活かして教育活動に打ち込む

校長は、教職員が主体的に教育活動に打ち込むことが、学校教育の大きな財産になることを肝に銘じなければなりません。

これからの学校は、校長がフォロワーを活かし、自分と自分の周囲の世界を俯瞰して観察するゆとりをもち、ときに問いを発するようにするのがいいと思います。

サーバント
リーダーシップとは？

ここ最近、優れた経営者の多くは、「トップダウン型」ではなく、「サーバントリーダーシップ」の手法を用いているように思います。

よく「ボトムアップ型」「支援型リーダーシップ」などとも呼ばれますが、端的に言えば、相手に対して奉仕や支援を通じて、協力してもらえる状況を築いていくようなマネジメント手法です。

そもそも「サーバント」とは、「献身的な支持者」「使用人」「召使い」という意味があります。部下に対して、奉仕の気持ちをもって接し、どうすれば組織のメンバーのもつ力を最大限に発揮できるのかを考え、その環境づくりに邁進する手法の校長シップです。

サーバントリーダーの下では、自主的に「やりたい」気持ちから行動し、言われる前から行動し、自身で創意工夫できるところを見つけるようになります。一人ひとりの声に耳を傾け自主性を尊重する校長の存在により、教職員の仕事へのモチベーションがアップします。

教職員の一人ひとりに「どんな学校をつくりたいか」や「理想の学校像」を尋ね、それを実現できるように職場環境を整えていく。

それこそが校長に求められている役割だと私は考えています。

▽「理想の学校像」を共有しよう

教職員はもちろん、子どもや保護者、地域住民の人たちも、その声に耳をよく傾ければ、各々が「理想の学校像」というものをもっています。そうした意見・アイデアを引き出し、集約して一つの方向性にまとめ、その具現化を図っていきます。

そうしたプロセスがあって、はじめて全員が「当事者」になって、目指すべき方向性が共有されるのです。

▽トップダウンからサーバントリーダーシップへ

サーバントリーダーシップは、これまでよく見られてきた「俺についてこい」「私の言う通りにやって」というような「支配・トップダウン型のリーダーシップ」とは、まったく異なるものです。

トップダウン型で、自分の経験や感覚といった根拠のない、曖昧なものだけを頼りにしてしまうと、任せるどころか、常に指示・命令を繰り返してしまいます。

そして、自分がやっていたことやできていたことを引き合いに出して、「こうやればできるはず」「なんで、言った通りにやらないの?」「できないなら、やめてもいいんだよ」「私がやるから、もうやらなくていい」などと圧力をかけるようになります。

こういうことが結果的に、パワハラに発展しかねないのです。

多くの学校の様子を見たり、聞いたり、相談を受けたりする中で、リーダーシップを支配・トップダウン型からサーバントリーダー型に転換できないまま問題を抱える多くの学校の実態を見てきました。

▽みんながサーバントリーダーシップを発揮できるように

また、サーバントリーダーシップは、学校のリーダーである校長や管理職だけが発揮できればいいものではありません。

教職員全員の成長を促す文化や校風をつくるのが、真のリーダーです。

学校教育目標の達成に向け、みんなの声に耳を傾けながら、教職員にいい影響を及ぼす行動をとる人がいるとすれば、その人は間違いなくサーバントリーダーと言えます。

大人も子どももすべての人がサーバントリーダーの役目を果たすことができるようになったら、みんながウェルビーイングに過ごせる新たな学校文化が生まれるのだと思います。

面談では「聞く」に徹する

サーバントリーダーシップの特徴の筆頭に挙げられるのは「傾聴」です。

面談の基本はまず聞くこと、最後までしっかり集中して聞くことです。

これは、なかなか難しいことです。聞いている間にアドバイスしたくなったり、質問したくなったりするものです。

そこで口をはさんでしまったら、既に任せる術としては失敗です。とにかく、話している人に集中して、聞くことに徹するのです。

▽聞く姿勢によって引き出される話が変わる

私のまわりの管理職やリーダー的な立場にいる方たちから打ち明けられる悩みの中

には、面談をやっても愚痴や不満を言われるだけで、なかなか解決には至らないという声も多いです。

ひどいときは、同僚の悪口や自分の置かれている立場への文句を言われるので聞く側が疲れてしまうという話もあります。

また、聞き方にも質があります。どのような姿勢で、どのように聞くかによって、引き出される話もまったく変わってきます。

よい面談の具体例については次頁から紹介します。

面談に必要な5つのステップ

私は自分がやってみて成果が出たと思う面談を振り返ってみました。すると面談の始まりから終わりにかけて、5つのステップがあることがわかりました。

面談で成果が出ないと悩むみなさんは、①と③と④しか意識されていないようでした。つまり、残りの②と⑤が面談の質を決めると言えそうです。

① 面談の目的とゴールの確認

② 相手への「承認」

③ 課題、悩みのヒアリング

④ フィードバック

⑤ 今後に向けて

▽①　面談の目的とゴールの確認

面談を行うときは、まず最初に面談を行う目的と最終的なゴール（到達点）を確認します。

・最初にお礼を言う

忙しい中で時間をとってくれたことに、まずはお礼を言いましょう。「忙しい中、面談に来てくれてありがとう」など一言で構いません。この一言で場の雰囲気がぐっと柔らかくなるはずです。ぜひ最初にお礼を言いましょう。

・目的とゴールを確認する

次に目的とゴールを確認します。目的は、なぜ今回の面談をするのかについて、ゴールは、面談が終わったときにはどんな状態となっていることを目指したいのかについて、話をし、相手と意識を共有します。

・時間を確認する

ステップ①の最後に面談時間の確認をします。「今日の面談は○時○分まで。○○分間行います」などと伝えて、相手と確認をしましょう。

▽② 相手への「承認」

●こちらの話を受けとめてもらう土壌をつくる

そして本題に入る前に、大事なことがあります。**それは、まず、普段の仕事ぶりについて、よいところを伝える、ということです。**普段、それこそ面と向かって伝えられない、その人のよいところを、この機会に伝えましょう。

「毎朝、元気な声で挨拶してくれて気持ちがいいです」「学年を超えて声かけしてくれて助かってます」「気になっていることを伝えてくれて助かります。また頼みますね」など、どんな些細なことでも構いません。

そのためには、その人が今どんな仕事をしているのか、そこで頑張っているのはどんなことか把握しておく必要があります。ほとんどの人は、必ずどこかで頑張っています。頑張っていることに、本人が気づきもしていないこともあります。

というのも、「頑張っているところ」は、案外その人にとって「当たり前のこと」だったりするからです。

「毎朝挨拶をする」ことを意識的に心がけている場合もあれば、その人としては挨拶するのがごく自然なことである場合もあるでしょう。

前者であれば、「あ、見てくれているんだな」と思ってもらえるかもしれません。

後者であれば、その人にとって当たり前なことを「人は喜んでくれるんだ」と励みに思ってもらえるかもしれません。

いずれにしても、あなたが相手のことを考え、「ちゃんと見た」事実は相手にきっと届きます。

▽校長から、認めていることを伝える

これは、こちらから認めている、信頼している、と伝えるステップです。

まずは、こちらから、その信頼を伝えることです。そして、「この人は自分のことをわかってくれている」と面談相手が思ってくれたら、その後のフィードバックが耳に痛いものだったとしても、真摯に受けとめてくれることが多いのです。

反対に、普段は見ていないのに、気になったことをただ伝えてくるだけだと相手に感じられてしまったら、たとえ相手を思ってのフィードバックだったとしても、受け

とめてもらえず、はね返されてしまうでしょう。
まずこちらを信頼してもらうことです。そのことでフィードバックを真摯に受けとめ、成長につなげてもらう土壌をこの相手への「承認」の段階でつくることが大切です。

▽③　課題、悩みのヒアリング

「承認」を通して、相手にこちらの意見を受けとめる土壌ができてきたところで、いよいよ本題に入っていきます。ここでも、こちらが話をするのではなく、まずは相手の話を聞く姿勢で臨むことがポイントです。面談はインタビューです。

「相手8割、自分2割」と思って私は面談をしています。教職員の満足度から考えると、そのくらいの配分でちょうどよいと思います。

校長が話をしてしまうと、教職員は話を聞くだけになってしまい、こちらが本音を聞くことができなくなるばかりか、教職員自身も自分のことを振り返って考えることが少なくなってしまうでしょう。

気づきやリフレクションには、ちょっとした「間」も必要です。相手の話を聞くことを優先して、話し過ぎないように気をつけます。

校長は、質問することによって、相手から抱える課題や悩みの答えを引き出すというような関わり方で接することが望ましいです。

そして、ヒアリングをするときは、「現在　↓過去　↓未来」の順番で、質問してみてください。経験的には、この順番が相手が自然に考えられる流れのように思います。本音を話してもらいやすくなるはずです。

▽④　フィードバック

課題や悩みのヒアリングをして、本音や気づきを引き出したあとは、フィードバックをする段階です。課題や改善点については、できれば嫌なことは言いたくないので、いつも言わないで済ませている方もいるかもしれません。

私も改善点を指摘するのは苦手なのですが、それは自分が嫌われたくないという自分の都合があるからです。

しかし教職員がより成長するためには、校長である自分から伝えることが一番効果

的だと考えて、きちんとフィードバックをするようにしています。

相手のためになる、という自信と相手への信頼があれば、揺らがずに伝えることができるでしょう。その信頼は相手にも伝わります。自分目線を離れて、教職員の成長に何が必要か、という視点からフィードバックを行うことを大切にしてください。

▽⑤　今後に向けて

最後には、面談のまとめと今後に向けた意識合わせを行ってクロージングとします。

●面談のまとめを行う

面談の中で決定したこと、決められなかったことの意識合わせをします。

最初に設定した、面談のゴールに照らし合わせて確認していきますが、一回の面談で時間内にゴールまでいかないこともあります。

一回の面談で何がなんでもゴールまでたどり着くようにしてしまうと、焦りが出て、無理やり納得させようとしてしまったり、相手の言うことを十分に聞くことができなかったり、と本末転倒の状態になってしまいかねません。

時間をおいて何回でも面談してもよい、というつもりで臨みましょう。そのほうが結果的にはよい形になっていきます。これは「時間を味方にする」発想の一つかもしれません。

●今後に向けた意識合わせ

今回の面談で決められなかったこと、ゴールまでたどり着けなかったことなどを改めて話すために今後の面談の意識合わせをします。

具体的には、次回の面談の時期や内容についてすり合わせをします。

ここで、次回の面談までに、考えておいてほしいことや行動してみてほしいことなど、課題を出すことも非常に効果的です。こうすることで、相手の自律的な行動を促し、自らの力で問題解決できる力がついてきます。

●最後の一言

「最後に改めて言っておきたいことはある？」「何か言い残したことはある？」など と、ほかに言いたいことはないか、必ず確認するとよいです。

ここで、本音が出てくる可能性が非常に高いからです。

相手から出てきた最後の一言が実は一番重要なことだった、この一言が聞けなかったら誤解したまま進めていたといったことも何度もありました。

「言おうかどうか迷っていたことがあるんですけど、言っていいですか？　実は、これまで学級担任としてやってきましたが、そろそろ学年をまとめるようなこともやってみたいと思っています」

ある教員から学年主任にチャレンジしようという思いを聞き、意欲を感じとることができました。もちろんその後、学年主任を考えるときに意識をして配置しました。

また、こんな話が聞けたこともありました。

「私のことではないのですが、再来年度のことを考えると、来年度は○○部の引き継ぎをしたほうがいいと思います。そのために、必要であれば、○○部に私を入れてもらってもいいです」

自分のことだけではなく、学校の持続可能性を考えてくれていることに感謝し、その教員に引き継ぎに加わってもらうことにしました。

面談のステップ

① 面談の目的とゴールの確認
- 最初にお礼を言う
- 目的とゴールを確認する
- 時間を確認する

↓

② 相手への「承認」

↓

③ 課題、悩みのヒアリング

↓

④ フィードバック

↓

⑤ 今後に向けて
- 面談のまとめを行う
- 今後に向けた意識合わせ
- 最後の一言

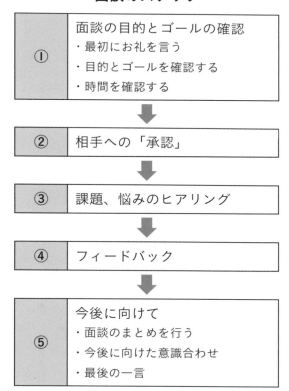

第5章

「任せる」ための校長マインド

管理職を目指そうと思った理由

私は中堅教員の頃は、自分が管理職、まして校長になるなんて、夢にも思いませんでした。

当時はミニバスケットボールの指導に夢中で、頭の中はそのことばかりでした。いつも「強いチームをつくりたい」「どうやったら勝てるだろう」「大会で優勝したい」と考え、体育館では常にトップダウン型の厳しい指導をしていました。

一方、教室ではその真逆で、楽しい授業、子どもに任せる授業をしていました。「先生に言われた通りにやらなくてもいいよ」「自分たちで考えてやることが大切だよ」といった感じで、今の校長としてのスタイルにつながる考え方があったかもしれません。

▽教務主任になって、学校全体を俯瞰できるように

管理職を目指そうと思ったのは、教務主任を務めた頃からです。それ以前も、研究主任などを務めたことはありましたが、教務主任になると教育課程や年間指導計画など、学校の核となる計画づくりに関わります。

すると、学校がどのように動いているか、全体を俯瞰して見られるようになり、カリキュラムの中身はもちろん、日程、研究の進め方など、改善すべき点などが見えてきました。

そうして教務主任を務めているうちに、「こんな学校をつくりたい」との思いが、自分の中に芽生え始めました。そして、副校長になった頃には、その思いはより確かなものへと変わっていました。

思い返せば、たいして授業がうまいわけでもなく、研究会等で活躍していたわけでもなく、ミニバスケットボールの指導に熱を上げていた私が校長になるなんて、不思議なものです。

▽立場が変わっても「任せる」を継続せよ

私が担任をしていた頃、5年6年ともち上がりでクラスを受けもつことが多くありました。

5年生の頃には、何をするにも、「先生、どうすればいいですか?」「次は何をするのですか?」と尋ねてきた子どもたちが、一年も経つと、勝手に考え、判断し、行動し始めます。

6年生になる頃には、クラスでの活動は、子どもたちがほとんど勝手に計画して、行動して、反省して、次の計画をするという好循環が生まれていました。ときには、ほかのクラスや他学年を巻き込んでもいました。

私は、ただ見守っているか、自分の仕事をしたり、授業の準備をしたりする時間を確保することができました。**子どもたちに任せ、主体的に行動する子どもたちに育てることで、私自身のやりたいこともできていたのです。**

ここ最近、話題になっている教職員の働き方の問題も、私の本音では、子どもに任せて時間を生み出せばいいのだと思っています。「信じて任せる」ことは持続可能な学校をつくる大きな力になることは間違いありません。

▽自分の思い通りにしようとしない

そんな私が、教職員の方にお願いしたいのは、**子どもを思い通りにしようという指導方法からは、早く卒業してほしいということです。** そうした指導をしているうちは、子どもは自律的に行動しません。

クラスの子どもが何をしたいのかじっくりと聞き取り、話し合いを通じて各々が意見やアイデアを出せるようにします。教職員自身はファシリテーター役に徹し、子どもが主体的に行動できるようにしてほしいのです。

そのためには、「信じて任せる」姿勢が大切です。子どもたちは、任せてしまえば主体的に行動します。

また、立場が変わってもそうした考え方を継続してほしいと思います。学年主任になっても、教務主任になっても、教頭・副校長になっても、「信じて任せる」姿勢を貫き、後輩教職員にも任せてほしいと思います。

任せ上手な管理職に必要な3つのこと

私が管理職になった頃には、校長シップやマネジメントについて学ぶ機会はありませんでした。

研修と言えば、人事評価、人事考課、学校評価、不祥事防止、コンプライアンス、メンタルヘルスの分野が定番だったと思います。人材育成が近いのかもしれませんが、それは特定の人や経験年数別の人を対象にしたものが多くあり、学校を組織ととらえ、組織づくりに着目したものではありませんでした。

だから、これまでの管理職研修に抜けていることとして、数年前から私が提案している3つのことがあります。それは、

「一人ひとりのモチベーションを高め、持続する」

「学校組織マネジメントの転換」

「人・もの・金の管理」です。

▽一人ひとりのモチベーションを高め、持続する

現場の教職員にモチベーションがない、自主的に動いてくれない…。そんな場面に出くわしたとき、校長はとかく仕事の内容をさらに詳細に伝えようとしがちです。あるいは、スケジュール管理をより強固にしようとしがちです。

でも、それでは何も変わりません。教職員は仕事の詳細が知りたいのでも、進め方の具体的で細かい指示を求めているわけでもないのです。

そもそも、人はどういうときにモチベーションが生まれるのでしょう。それは「重要なものに取り組むとき」、そして「必要とされているとき」です。

教職員に対し、任せていることがいかに重要なものか、学校経営全体の中の何に影響し、それが学校経営の命運をどのように握っているのかを伝えましょう。

そして、その命運の鍵を握るのが自分（教職員）であり、仕事が完了しなければ困

る（つまり、必要とされている）ということを理解してもらうのが重要なのです。

▽学校組織マネジメントの転換

教育改革・働き方改革を進めていくためには、教職員の考えや主体的な行動を引き出すマネジメントが欠かせません。それでなくても学校は現状維持バイアスが強く働き、「昨年と同じです。今まで通りです」「とくに問題はないので、変えません」など前例踏襲で、変化を拒む体質が根づいていきます。

求められるのは、マネジメントに対する発想の転換です。教職員の一人ひとりに「どんな学校をつくりたいか」を尋ね、それを実現できるように職場環境を整えていく。それこそが校長に求められている役割だと私は考えています。

教職員はもちろん、子どもや保護者、地域の人たちも、耳をよく傾ければ、各々が「理想の学校像」というものをもっています。そうした意見・アイデアを引き出し、集約して一つの方向性にまとめ、その具現化を図っていく。そうしたプロセスがあって、はじめて全員が「当事者」になって、目指すべき方向性が共有されるのです。

もちろん、校長の強いリーダーシップの下で、校長の肝入りの特定の取り組みが一定の成果を収める場合もあります。しかし、そうした取り組みは、校長の交代とともに廃れていきます。決して、持続可能な取り組みとは成り得ません。

また、前例踏襲的な組織というものは、外圧的に改革をしようとすると、拒絶反応を起こしがちです。校長には内側から変えていく視点が必要なのです。対話とコミュニケーションを重視し、教職員が意見やアイデアを出し合い合意形成を図りながら変えていくことです。こうした手法は、「サーバントリーダーシップ」という言葉を用いています（本書102頁参照）。

▽「人・もの・金」を管理する

管理職になると、同じ学校にいながら教員のときとまったく違った仕事をすることになります。

よく、管理職は、「人・もの・金」の管理が大切だと言われます。

「人」に関しては、「こんな要望がきてます。どうしましょう?」「保護者から、子どものことで、相談したいと言われました。同席してもらえますか？」「教室で暴れている子がいます。助けてください」など、教職員からの相談窓口になるのです。

その相談にくる「人」は、教職員のみならず、ＰＴＡ役員、保護者、地域の住民の方、町内会長、ボランティア、行政、企業、ＮＰＯ団体…と範囲も広がっていきます。「人」に関して一番難しいのは、職員室の人間関係を整えることかもしれません。

「もの」に関しても、学校の施設や設備のことは知っていても、修繕や工事のことまではわかりません。修繕の判断や依頼、学校用務員や事務職員との相談、工事計画の立ち合いや交渉、施設点検表の作成や報告等、やることは山積です。

「金」については学年費やＰＴＡ会費、給食費等の準公金については教頭・副校長が扱うことが多いと思います。銀行引き落としの手続きや未納者への対応、督促までやらなければならないのです。

また、学年費の支出や支払いに関わる相談にも応じなければなりません。これらは専門性や経験がある学校事務職員や仲間の教頭に聞きながら覚えていくことも多いと思います。

▽機械や備品の扱いも

「もの」の管理については、機械や備品の扱いにも目を向けなければなりません。さらに、「校庭にカラスの死骸があります」「通学路で猫が死んでいます」「台風のあと、雨漏りがひどいです」「教室のドアが開けにくいです」…たくさんの情報が集まってきます。それを一つずつ解決していかなければなりません。

「カラスの死骸の処理ってどこに連絡すればいいんだ」「雨漏りの修理って、誰がやってくれるんだ」と、対応することが日々の業務になっていきます。

▽校長の存在は大きい

教頭・副校長は、このような仕事ばかり続けていると、自分は何のために教員になったのかわからなくなったり、自分の仕事がみんなの役に立っているのか考えたりするようになります。

そういうときに、校長の存在は大きいのです。

教頭・副校長をリスペクトし、常に信じて任せる姿勢で関わることが肝要です。校長は、教頭・副校長のモデルとなるような存在になるために、校長のあり方を考え、サーバントリーダーシップを発揮しなければなりません。そこで、「いつも笑顔で、機嫌よく」しておくことが何よりも重要なのです（76頁参照）。

では、校長は校長室で何をやっているのでしょうか。

校長は教員ではなく、学校管理職という職務になります。会社でいうと経営者です。学校経営責任者と言ったほうがわかりやすいと思います。学校で何かがあったときには、最終的な責任をとることになります。教職員に不祥事があったときも、校長が関係各所に説明したり、謝罪したり、処分を受けたりすることになります。

▽校長室をもつ

教頭・副校長から校長になって変わることで一番大きなことは、「校長室」をもつことです。

私は、脱校長室プロジェクトを進めているので、校長室をデザインし直し、校長室を教職員が自由に使えるようにしています。それは、校長室は、職員室と違って「戦略を練る場」だと考えているからです。

校長は、学校経営責任者として、学校経営ビジョンを描き、教職員とビジョンを共有し、教職員と共に学校づくりを進めていくための仕事をするのです。

それを知らず、独善的に自分の思い通りの学校づくりをしようとすれば、教職員は面従腹背しつつ、離れていくのです。

教頭・副校長のときから、どんな学校をつくっていきたいか、そのために校長室をどのように使うか、自分ごととして考えておくといいでしょう。

「任せる」ことは子どもの教育にも効果がある

たとえば、作文の授業のとき、「さあ、書きましょう！」と言うと、困った顔をして「何を書いたらいいの？　書くことないよ」と訴える子が必ずいます。

子どもに一番大事なのは「何をしたいのか」、その気持ちです。人は、動機や目的があれば、自分で考え、行動できます。やりようによっては、きっと行事や行動等を振り返り、書きたい「何か」、取り組み始めて夢中になった「何か」を思い浮かべられるようになるはずです。

「ああしなさい」「こうしなさい」と指示を受けることのない、何をするのも自由、何をしないのもまた自由という時間があればいいのだと思います。そうした経験が、書きたい「何か」を醸成するように思います。子どもを「信じて任せる」ことです。子ども自身が決めることや子どもの自由なゆとりのある時間を奪ってはいけません。

▽我慢してずっと見守ろう

「何を書けばいいの？」と子どもに尋ねられたら、「何も書くことがなければ、書くことが決まるまで白紙のままでいいよ」と返してほしいと思います。その次の日も、またその次の日も「何を書いたらいいの？」と尋ねてくるかもしれません。まだまだ我慢です。

ここで、「こんなことを書いたら？」「こういうことをしたでしょ」と助け舟を出したら、元の木阿弥です。我慢してずっと見守ります。口出しは厳禁です。

私は教員の頃から、ずっとそう考えて実践してきました。時間はかかりますが、子どもは「やりたいこと」を見つけ出し、自分で決めてやり始めたことは責任をもってやり通していました。

この考え方は、校長になった今でも変わりません。学級経営も学校経営も同じように「信じて任せる」ことが私の校長としてのあり方なのです。

教職員との出会いの日に語ること

学校にはそれぞれに特色があり、同じ地域にあっても学校文化や風土はまったく違います。異動してきたときは、ある程度はその状況を把握したうえで話をしたほうがよいです。というのも、往々にして学校は同質同調性が強く、それを重んじる風潮がありますｰ。その風潮が強い場合は、同調圧力となり、共同ありきで画一的な雰囲気が学校を支配するようになります。

これまで前例踏襲でなかなか変わろうとしてこなかった学校には、何となく疲弊感があったり、あきらめ感があったりします。

子どもには、「主体的・対話的で深い学び」をさせようとしながら、教職員は、その真逆なことを強いられているのです。それでは、自分たちで考えて進んで挑戦したり、仲間を応援したりする望ましい学校づくりはできません。

みんなが同じ色になるような画一的な学校ではなく、それぞれのよさを発揮してワクワクするような元気でカラフルな学校づくりを目指したいものです。

▽教職員との出会いの日に語ること

新年度が始まった初日、この日から教職員との新たな関わりが始まります。自己紹介や学校づくりについては、おいおい話していくほうが受けとめてもらいやすいのですが、校長として、自分が教職員と共にどのような学校をつくっていきたいかという抱負は最初に伝えておきたいと思っています。

そのとき、概して経営方針をプリントにして配って説明しがちですが、決してそれをセレモニーとして終わらせないようにしなければなりません。

しっかりと教育観なり、信念なりを伝えることが大切です。

教職員は、校長が何を語るか姿勢や態度からも読み取ろうとしています。堂々と自信をもって、語りかけます。校長として異動してきた場合は、とくに教職員の目は校長の言動のすべてに注がれます。

▽校長や組織のあり方、学校づくりの考え方を語ろう

教職員との出会いの日に語ったことを紹介したいと思います。

私自身の考える、校長や組織のあり方、学校づくりの考え方はしっかり伝えたいと思って次のように話しました。

ここでみなさんに出会えたことは奇跡です。横浜には小・中学校が約500校あります。その中でこの学校に集まった仲間です。出会いに感謝し、お互いを認め合い、今まで以上にいい学校をつくっていきましょう。

さて、学校教育目標にある「生き生き」って子どもだけではないですよね。

教職員のみなさんも生き生きしてほしいと思います。教職員のみなさんが生き生きしていないと、子どもは生き生きできません。

教室で先生の元気がなかったり、暗い顔をしていたりしたら、子どもたちは心配で生き生き活動できませんよね。「生き生き」を子どもに求めるなら、まず、私たち大人が生き生きしていなければいけません。

そのためには、「自分の仕事に自信と誇りをもつ」「日常的に授業の話をする」「お互いの力量を高め合う」「自然を楽しむ」、そして、「子どもの姿に学ぶ」ことです。

また、新しい教育に対応できるようにしなければなりません。それは、子どもも教職員も学び合う協働文化を学校文化にすることです。

これまでの教職員集団は、共同文化すなわち同質同調性が原則、個々の主張よりも組織メンバー全員の協調や同調を重視してきました。

共同ありきで画一性へと拘束し、個性や自律性が低いのです。これから協働文化にするために、同僚性（関係性）の構築をし、不安や恐れ、強いストレスによって孤立化することは防がなければなりません。

私は、校長として「サーバントリーダーシップ」を発揮してきました。トップダウンで何でも決めるのではなく、みなさんの声に耳を傾け、意見を丁寧に聞きながら、一緒に考えて決めていくスタイルです。

また、みなさんに学級担任や校務分掌をお願いしていますが、それは、判断し決定するところまでお任せします。いちいち校長の決裁を待っていると行動に移すのが遅くなります。

また、問題が起こったときも、学年や各部で対応して行動を起こしたほうが早く解決します。私に報告するために一日待つことで、事が大きくなってしまうこともあります。

ですから、それぞれの担当で自信をもって判断し、決定してください。もちろん、最後は私が責任をとります。

私が前にいてどんどん引っ張るようでは、みなさんが成長するチャンスを奪ってしまいます。たとえば、自転車に乗る練習をするとき、補助する人が前からハンドルを引っ張りませんよね。

最初は後ろからしっかり支えながら、徐々に力を抜いて離していきますよね。そして、自分だけで自転車に乗れるようになるのです。

みなさんの成長も同じです。みなさんが走っていくのを後ろから支えながら、徐々に手放していきます。私はみなさんとそういう関わり方をしていきます。

恐れず、どんどん挑戦してください。みんなでいい学校をつくっていきましょう。

おわりに　信じて任せることで、大人も子どもも育つ

最近、本校でも、会議や教職員の週案のコメントで「任せる」という言葉が増えてきました。

「運動会では、子どもたちを信じて任せます」

「子どもたちのほうが、私よりよく知っているので、任せています」

「行事の練習では、子どもたちが主体的に動けるように任せています」

「私も子どもを信じて任せて待つようにします」

「今まで自分でやっていたことをほかの人に任せることで、ほかの発想が生まれました」

教職員みんなの意識が確実に変わってきたと思います。任せることは、育てることであり、応援することでもあります。そして、本来任せられることは嬉しいことです。

任せることは信頼している証拠でもあります。ですから、「信じて任せる」という教職員の表現や姿勢は、子どもにとって嬉しいはずです。

なぜ、それができないのか。うまくやりたいとか、失敗したくないとか、自分目線で考えるからです。他者の成長を喜べる人であれば任せられます。自分の成長しか考えていなければ任せることはできません。

子どもの頃の遊びでも、「それはお前に任せた！」と言われると信用されているようで嬉しかったことを思い出します。チームでスポーツや作業をやっていても、「そっちは任せた！」と言われると、「任せとけ！」となります。

お互いの信頼関係が深まっていくのを感じ、しっかりやろうと思ったものです。この話は、大人にも学校現場にも当てはまると思います。

「任せる」そして、「見守る、待つ、認める」、さらに「信頼し、感謝する」ことで人は育っていくのではないでしょうか。「任せる」ことを通して、あきらめず自分自身や学校の「当たり前」を変えることで変容をもたらすのです。

学校のビジョンを明確にして、関わる教職員の自己有能感を引き出し、内発的動機付けを目指し、校長がリーダーとしてのあり方をきちんと遂行することで、魅力ある学校づくりへとつながっていきます。

ワクワク感をもって働くことができれば、毎日も楽しくなり、ウェルビーイングな人生を送ることができます。あなたのウェルビーイングが、職場のウェルビーイングになり、地球規模のウェルビーイングにもつながるのです。

任せられた仕事を、ワクワク感をもって、生き生きと担っていく教職員こそが、持続可能な社会の創り手となる子どもたちを育てることができるのです。

最後になりましたが、本書刊行にあたりまして、編集作業を一緒に担ってくださった広木敬子さん、学陽書房の河野史香さんには、構想段階からお力添えをいただきました。厚く感謝申し上げます。

信じて任せることで、子どもも大人も育つのです。

住田　昌治